SOMBRAS CORRETAS

HÁ TANTOS ANIMAIS NA FAZENDA! OBSERVE ALGUNS DELES ABAIXO E LIGUE CADA UM À SOMBRA CORRESPONDENTE.

RESPOSTA NA PÁGINA 24.

HORA DE COLORIR!

2

PIU-PIU!

OS PINTINHOS ESTÃO CISCANDO DE UM LADO PARA O OUTRO. QUANTOS HÁ NO TOTAL? FAÇA A SOMA E ESCREVA A RESPOSTA NO ESPAÇO ABAIXO.

RESPOSTA: 12.

LIGANDO AS INICIAIS

LIGUE OS ANIMAIS À INICIAL DO NOME DE CADA UM.

RESPOSTA: VACA = V; GALINHA = G; PORCO = P

QUANTOS ANIMAIS!

OS ANIMAIS ESTÃO REUNIDOS. CONTE QUANTAS VEZES CADA UM DELES APARECE E ESCREVA A RESPOSTA NOS QUADRADOS.

RESPOSTA: [COELHO CINZA] 4; [COELHO MARROM] 6; [PASSARINHO] 10; [VACA] 6; [PORCO] 7.

PONTOS PARA LIGAR

O COELHINHO ESTÁ FAMINTO! QUE TAL LIGAR OS PONTOS PARA COMPLETAR A IMAGEM DE UM DELICIOSO VEGETAL?

ÓINC! ÓINC!

O PORQUINHO ADORA FAZER AMIZADES. COPIE A IMAGEM DELE COM A AJUDA DO QUADRO MAIOR E PINTE-O EM SEGUIDA.

PINTINHO PERDIDO

O PINTINHO SE PERDEU DA GALINHA. LEVE-O ATÉ ELA, TRAÇANDO O CAMINHO CORRETO.

ITENS DE FAZENDA

HÁ MUITOS EQUIPAMENTOS E ACESSÓRIOS IMPORTANTES NA FAZENDA. OBSERVE ALGUNS ABAIXO E ESCREVA OS NOMES DELES NOS ESPAÇOS.

RESPOSTA: A - REGADOR. B - LUVAS. C - PÁ. D - MANGUEIRA. E - BOTAS.

OVELHA FOFINHA

PINTE A OVELHA PARA DEIXÁ-LA AINDA MAIS BONITA.

QUAL É A SOMBRA?

O ESPANTALHO AJUDA A PROTEGER A PLANTAÇÃO CONTRA AS AVES. DESCUBRA QUAL SOMBRA CORRESPONDE À IMAGEM DELE.

SEGUINDO AS PEGADAS

AJUDE O GANSO A ENCONTRAR UMA ABÓBORA BEM DELICIOSA, PINTANDO O CAMINHO CORRETO: AS PEGADAS DELE.

CONTORNANDO AS LINHAS

O COELHO QUER CHEGAR ATÉ A CENOURA, E A BORBOLETA, ATÉ A FLOR. TRACE AS DIFERENTES LINHAS PARA UNIR CADA ANIMAL AO SEU ALIMENTO.

HORA DE COLHEITA!

OS VEGETAIS FORAM COLHIDOS! CONTE QUANTOS DE CADA APARECEM E ESCREVA A QUANTIDADE NO LUGAR INDICADO.

RESPOSTA: [ERVILHA] 4; [ABÓBORA] 2; [PIMENTÃO] 7; [TOMATE] 5; [BERINJELA] 8; [CENOURA] 4; [BETERRABA] 6.

17

CENAS DIFERENTES

É UM LINDO DIA NA FAZENDA! OBSERVE AS DUAS CENAS COM ATENÇÃO E ENCONTRE CINCO DIFERENÇAS ENTRE ELAS.

RESPOSTA NA PÁGINA 24.

CONTANDO OS PORQUINHOS

OS PORQUINHOS ESTÃO SE DIVERTINDO NA LAMA. CONTE QUANTOS APARECEM E PINTE A RESPOSTA CORRESPONDENTE.

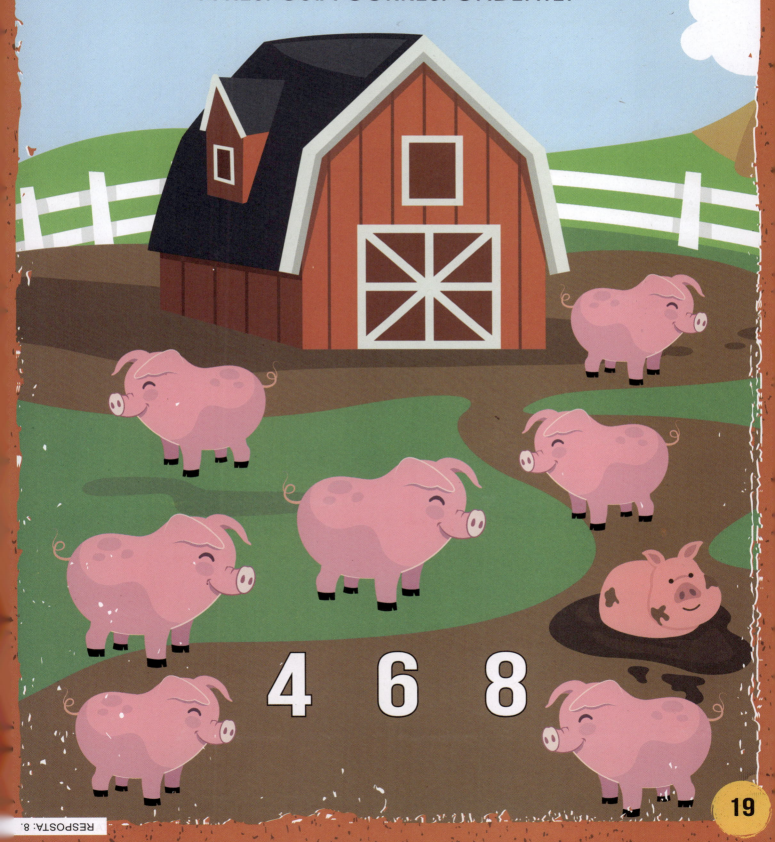

RESPOSTA: 8.

19

SEQUÊNCIA ANIMAL

OBSERVE AS SEQUÊNCIAS E DESCUBRA QUAL ANIMAL COMPLETA CADA UMA. INSIRA AS ALTERNATIVAS A, B OU C PARA INDICAR A RESPOSTA.

RESPOSTA: A; C; B.

CAMINHO ATÉ O NINHO

O PINTINHO SE AFASTOU DO SEU NINHO E NÃO SABE COMO VOLTAR. TRACE O CAMINHO CORRETO PELO LABIRINTO PARA LEVÁ-LO DE VOLTA AO LAR.

RESPOSTA NA PÁGINA 24.

CAMINHO DE REPOLHOS

TRACE O CAMINHO CORRETO PARA QUE O CABRITO SE ALIMENTE DE TODOS OS REPOLHOS QUE ESTÃO ESPALHADOS. QUANTOS ELE COMEU? ESCREVA A RESPOSTA NO LOCAL INDICADO.

ANIMAIS DA FAZENDA

HÁ MUITOS ANIMAIS DIFERENTES NA FAZENDA. ESCREVA O NOME DE CADA UM NOS ESPAÇOS E MOSTRE QUE CONHECE TODOS.

RESPOSTA: A - PORCO; B - CAVALO; C - COELHO; D - GALINHA; E - OVELHA; F - CABRA

RESPOSTAS

1

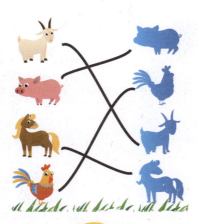

13

14

18

21

24